Silverman schickt mich

poetenladen

1. Auflage 2024

ISBN 978-3-948305–22-2

Umschlagbild: Sven Großkreutz. *Ein Mann gleißt*
Druck: Pöge Druck, Leipzig
Printed in Germany

poetenladen, Blumenstraße 25, 04155 Leipzig, Germany
www.poetenladen-der-verlag.de
www.poetenladen.de
verlag@poetenladen.de

JÖRG
SCHIEKE

SILVERMAN SCHICKT MICH

GEDICHTE

poetenladen

Cora, unter ihrer Badekappe, hinter ihrer Sonnenbrille
sieht aus wie eine Mimmi aus den zwanziger
Jahren. Wir schreien, wir spucken, wir steigen
zum Grund der vom Augustlicht überzogenen

Bahnen. Ich schenke der Mimmi meinen
Muskelkater, die Mimmi schenkt mir
ihr Pausenbrot. Ohne Wasser im Becken ist es
was anderes; es ist aber Sport. Statt Rücken

oder Delfin nun fünfzig Meter im Entengang, pro
Schritt anderthalb Kacheln. Zum Abschluss
noch Entengangstaffellauf oder Entengang-
hasche. In Rostock wird gesucht eine Lehrerin,

in Laage ein Schlosser, in Wolgast gibt es viele
offene Stellen beim Bund. Statt Delfin oder
Brust nun galoppi galoppi im Entengang bis
zur letzten Kachel. Die letzte Kachel verbraucht

den halben August. Bloß aufs Dreimeterbrett
und auf den Kaltduschstein fällt ein Mü Schatten. Cora
wartet auf mich, mein Entengangmuskel frisst sich
immer wieder fest. Vielleicht reicht das Pausen-

brot auch für uns beide; hoffentlich. Bis Wolgast
ist ein weiter, karger Weg. Wir werden den Kindern
dort das Schwimmen beibringen und den Delfinen
das Wandern. Die kranken Sterne am Grund

des Beckens riechen jetzt schon wie kosmisches
Aas. Oder den Störchen das Gedichteaufsagen oder
den Dachsen das Tanzen. Solche wie uns zwei
nehmen sie in Wolgast mit Kusshand. Oder

den Motten das Segeln oder den Blindschleichen
das freihändige Zeichnen oder den Dachsen, statt
den Füchsen, das Gedichteaufsagen, das Gewichte-
hochheben oder den Gammelins (was der Name

einer Familie ist, nicht der eines Tiers) das Tau-
ziehen beibringen oder den Dachsen doch besser
das Tanzen – Twist, Rock ’n’ Roll, Cancan – oder
den Delfinen den Entengang oder irgend so was in der Art.

Silverman schickt mich

Silverman schickt mich, ich bring das Hundefutter
und den kalten, treuen Scheiß, Eingemachtes
von den Fliegen und Fleischern, Tausend-
tagegeschmeiß. Ich soll was abholen

und was bringen. Ein Paket voller Dickmilch, bisschen
Fummel fürs Äffchen. Silverman zahlt mich aus, Silverman
hält an mir paar Prozente. Silverman schickt mich. Rein
durch das Schlüsselloch, durch den Spion

wieder raus. Silverman lacht, Silverman
junior ist das schönste Geschöpf
seit Beginn der Wetteraufzeichnungen. Achtung,
ein Fahrradfahrbär rast in eine App. Eine Baby-

hyäne weint, und unter dem Wunderbaum
schwimmen die Delfine im Kreis wie Spielkarten
im Casino. Das ist der Preis, Gewalt gegen Sachen,
Zettelfriedhöfe in Anoraktaschen, Silverman

besucht am Abend ein Kulturprogramm: *Europas*
Tierparks, Thailands Küche, Brechts Brahms. Wo
Silverman sitzt, wird das Polster
hinterher nachgerade aufgeschlitzt. Das ganze

Pauschalzeitalter quillt heraus,
als wäre das ganze Pauschalzeitalter
von Silverman nur ein Trick. Die Spur
führt zu Silverman, und von dort

führt sie wieder zurück. Das ist der Lohn,
Gewalt gegen Tiere, gegen die Papierknappheit
im Hals. Bevor es auf natürliche Art
bei uns dunkelt, klebe ich einen Kaugummi

auf den Spion. Silverman schickt mich, Silverman
entzieht mir das Passwort, Passwortstärke
mittel. Dabei stemme ich doch die Pressearbeit
und kümmere mich um das Booking. Praktikant

war ich nie, Volontär werde ich auch nicht
mehr. Das riecht mir alles zu sehr
nach Fern-Uni Hagen. Unter dem Wunderbaum
schwimmen die Herdendelfine im Kreis, als hätten sie

kein Gewissen. Fast könnte man sagen,
ich bin das große Dazwischen. Ich stemme
die Pressearbeit, die Fütterung, die Mit-
schnitte und manchmal übernehme ich noch

den Wachdienst. Mac an und Licht aus. Bloß
die Delfine schwimmen weiter
ihren Kreis. Kein Problem. Jedes System
braucht einen Bereich, der den Durchschnitt pro forma

nach unten drückt. Silverman guter
Chef, macht seine Termine
selbst. Etliche Waldkäuze, Löwen
und malaiische Hasen hat er gar nicht

gelistet. Lustig, wie das falsche
Passwort sich schüttelt. Als wär's das Baby
von der Hyäne oder ein liebes Bürgermädchen,
das vor meinem Fenster steht. Silverman

featuret mich, Silverman gehören an mir
paar Prozente. Ich bin der für die Orga,
er regelt den Zapfenstreich. Am wichtigsten
ist die Ruhe, das Ziel, der Zusammenhalt.

Im Doppelstockbett

Für die Einheimischen bin ich *der Kleine*, der
mit den tausend Mückenstichen. Stiche
am Hals, in den Kniekehlen, an Händen
und Füßen. Ich strenge mich an, in der Nacht

nicht zu kratzen. Mein Bruder liegt über mir
im Doppelstockbett, und immer
ist er noch wach. Ich hör ihn
die Bänder umspulen; es rattert, Laufwerk

und Rädchen, von vorne nach hinten, von hinten
zur Mitte, dann die andere Seite. Er hat den Walkman,
Sony, mich triezen die Mücken. Wir sind
Geschwister mit verschieden süßem

Blut. Klack, die nächste Kassette, die äußere
Taste, es rattert, nie hört mein Bruder
von Anfang bis Ende mal ein ganzes Lied.

S., nicht zu verwechseln mit B.,

pflückt von den Mänteln die Knöpfe ab. Naschen
und Zoomen adé. Alles
rein in die Schachtel, das Schöne

als Dauerzustand. Geschmeidig
wäre rassistisch, beweglich
im Wortsinn zu schwach. So oft

eine Unbekannte auch X hieß, nie
kam sie wieder. Nie kam eine zurück
– zurück auf das Fensterbrett, an den Start,

zu den vor Durst toten Fliegen,
den aus Furcht kleinen Leibern. Naschen
und Zoomen war gestern. Von den Mänteln

die Schnallen und Knöpfe ab. Aus dem Halbschuh
das Bändsel im Zickzack. Nie stand der Mond
so herb überm Fensterbrett wie in jener Nacht,

da Langeweile umschlug in Nieder-
tracht und Schüchternheit in schlechtes Benehmen.

Das Meer hat mich zum Mann gemacht und nicht
der Krieg; wie das? Mit seinen in Schnörkelschrift
verfassten Unwetterwarnungen und vielen

denkwürdigen Beats pro Minute. Der Tod hat mich
zum Mann gemacht und nicht der Leistungssport; ach was. Er
warf das Zebra den Schaulustigen zum Fraß vor und nannte

das *So nährt sich der Löwe*. Die Frau hat mich
trotzdem niemals verstanden; sie nahm eine Wut
mit im Rucksack und sieben Sachen und ging ihrer Wege.

Die Hände da, wo ich sie sehen kann, meine

einzige Sonne, da, wo ich eingewandert bin in den Schlaf,
den wir hier Sonne nennen,
nur aus Erzählungen kennen. So? Was für
Erzählungen denn? Ein Macker und seine Mackerin …

das ist ein schlechter Beginn. Die Sonne allein
hat Zugang zu sauberem Wasser, und wenn Zündplättchen
Schlafperlen und Zaunpfähle Bauchschmerzen wären,
würde die Grenze geöffnet, würden die Sommerreifen

auf die E-Gitarre gezogen, denn die Zäune, Sonne,
selbst die Zäune sehen inzwischen ja ein, dass sie
uns etwas schulden; Stullenbüchsen voll Bauland.
Einmal stand ich vor Fidel, dem Schriftsteller,

noch kleiner als in meinem Schnellhefter,
– aber zuhören, zuhören konnte er! Und ich war
dabei. Sah die Kinder mit ihren Trommeln, mit Softeis
und Variationen, mit immer neuen, von den Rot-Kreuz-

Häubchen eingeschmuggelten, zwanzig Gramm
starken Ladungen Schoko und Blaubeer, Trost
und Vertrautheit. Das Rot-Kreuz-Häubchen
wie ein Sieb, das genau anders herum funktioniert:

Das Flüssige bleibt hängen im Gitter; das Dicke,
die Essenz, läuft durch bis zum Herzen. Wer
mehr Häubchen in seinen Reihen, dem ist der Sieg.

Ich schwanke noch, ob ich oder

ob nicht. Besser, ein Stück
Zucker im Motor, ein Schluck
Essig am Hafen; besser nicht. Erst
war ich dein Maskottchen, jetzt

bist du mein Talisman. Und ich
bin dein Vehikel. Könntest
einmal nur wie dich sehen ich
du so dich. Die Klümpchen, die

die warme Milch in meinem
Mund bildet, mit der Zunge
am Gaumen zerdrücken – so etwas
tue ich nicht. Mein bester Freund

heißt Mark E. Schmidt. Nur wer ein Doppelleben führt, kann ein Geheimwissen
tragen. Am schönsten sind die Tage
danach. Und wieder zurück, und wieder

zurück. Die Klümpchen, die die Milch
in meinem Mund bildet, beschützen, denn
es sind gar keine Klümpchen, sondern sich
selbst erzeugende Lügen und Zweifel, sich

selbst genügende, unaussprechlich
zarte Gestirne. Ich spüre, dass
dich was betrübt. Fünf Punkte
für die weiße Zunge, fürs Überwältigt-

sein auf den ersten Blick. Ich möchte Frisbee
mit dir spielen mit einem leeren Pizza-
karton oder mit einem vollen. Die weiße
Zunge tanzt dazu am Strand – ach nein,

sie tobt durch die Gischt. Sie verwechselt Wäsche-
klammern mit Möwen und Sommersprossen
mit guter Laune. Das ist die Choreo,
der Stil, in dem ich, der ich das Vehikel,

mit dir spiele, *wirf und fang*, du das
Maskottchen, ich treue Seele. Die weiße
Zunge tanzt sich dusslig in dem weißen
Brand. Wir spielen Pizzafrisbee, schleudern

alles, was zur Hand. Alles, was hier angeschwemmt: Bernstein und
Qualle, Pizza Salami, ein Käppi vom dritten

Marineinfanterieregiment. Pizza Thuna oder Pizza
Crash. Lass fliegen dein altes Hausaufgaben-
heft unter einem Schleier aus Funghi. Die junge
weiße Zunge tanzt dazu on Air. So sehnig,

so high, als machte sie jeden Tag Yoga, Veda
und Thai. Oder auf ex. Zunges vier ärgste Feinde
sind Eifersucht, Trainingsrückstand, Zoff und der Ehrgeiz der einfachen Leute. Das, in dieser Reihenfolge,

sind ihre vier. Seit wenigen Wochen, seit kaum
ein paar Monden, kennen wir Zunge. Zunge passt
auf uns auf, mimt Offizier. Eifersucht, Muskelkater, Tratsch und der Humor der gewöhnlichen

Leute. Wie kommen wir je wieder fort von
hier. Nur wer ein Doppelleben führt, kann
eine Reihenfolge ertragen. Ich möchte Frisbee
mit dir spielen, *wirf und fang*, mit einem leeren

oder mit einem vollen. Ganz darauf an, wie du
dich fühlst. Was dein von so vielen Pizzen
und zur Flucht entschlossenen Pizzas geschwächter
Körper heute morgen zusammenrührt. Salami

muss Crash auf einer Unfallklippe erst mal
verarzten. Thuna schwimmt mit Funghi zurück
an den Strand. Pizzarazzia. Um uns rum bloß noch
Blaues. Matrosen, Leuchtalgen, Schiffe; Marine smart.

Die Lotto-Millionen und die Millionen
aus den Glasfiberbergen. Doch wie siehts dahinter
aus. Buchstaben wie Finkenschnäbel, heimlich
verkaufte, im Preis kaum noch zu akzeptierende

Zigaretten. Werkstätten für Raumfahrzeuge, Tarn-
kappenbomber in Unterhose und Mantel, Wasser-
farben und Gleichstrom. Kinder und Delfine
schwimmen und singen im Chor, treiben

Sport, irgendein Sport, Hauptsache
was in der Gruppe.

Saison

… duckte er sich zum Sprung, als wäre
er eine Sonne in kurzen Hosen. Fünfzehn
Minuten im Maßstab, nein, aus der Perspektive
von dreieinhalb Jahren. Eifersucht
aus rein taktischen Gründen. Ein Insekt
ging auf ihn los, eine Frau löste Streifen
um Streifen bis zum Rand. Weil sie
von der Pizza nur den Belag aß, trank er
vom Wein auch bloß das Fruchtige. Am Horizont,
in der Luftkissenschneise, ein paar
Tragflächenboote. Zwischen all dem Gold
sprudelte weiß ein Leck, und der Mann
verbrauchte ausreichend Teer, Ehrgeiz,
Schweiß, Sensibilität und
Wasser, doch verbrauchte er Teer,
Ehrgeiz, Schweiß, Sensibilität
und Wasser in der falschen
Reihenfolge. Eifersucht
aus rein taktischen Gründen ist von Liebe
das Gegenteil. Denn die Liebe ist gut
und sie ist mehr als das; fein.

Überschrift: Das Gäste/ Mandanten-WLAN funktioniert heute

schlecht. Lücken im Stein, Grummeln, quasi herrscht Krieg. Viele
Bytes taumeln obdachlos und minusverpflegt. Brauchen mehr
Goldstaub im Bauch, mehr Bockwurst mit Brot oder Zitronen-
gras mit Langeweile. Absatz:

Ich sehe Sven, Henriette, Karen und
Christopher. Winke zurück. Es gibt auch schon Hinweise
aus der Bevölkerung. Im Schaukasten vor der Kantine
der Chor mit den Annoncen. Wie das klingt, wenn Svens

Ameisentrupp in die Alarmanlage eindringt. Sven selbst
wird von den Plagiatsjägern gejagt, und nie werden
sie ihm seine Husch-husch-Augen ’zeihen. Irgendwann,
sage ich, sagen wir, wollen wir Klartext. Wir wollen

Klartext, wollen Fraktur, wollen Stolz und wollen Gerechtig-
keit. Jeder Hinweis kann nützlich sein und darf mit den anderen
Hinweisen feiern. So entsteht eine Rangfolge, wächst
eine Gegenkraft. Der Umbau beginnt; schnell, alle Steckdosen

unter die Plane. Lärm und Dreck bis zum Nachmittag. Oben
die Reiseflughöhe, unten die Stadt. Die Bytes trocknen
wie Fingernägel unter dem Fön, und die Amphetamine,
oder, wie sie eigentlich heißen, die Flugapparate, sind

auch noch nicht wach. Sie warten auf das richtige
Wetter. Stift und Zettel liegen bereit. Wer etwas wagt,
erhält eine Zuwendung, einen Stolz, eine Genauig-
keit. Gleich hinter dem Schlüsselloch geht es zur Kassa.

Langsam durch Fußgängerzonen fahrende Autos
sind meist Polizeiautos. Leutnant Jupiter stoppt
(bis hierher siebenundzwanzig Minuten)
und die Kraft strömt aus dem Tank

auf den Punkt zu wie gute Laune. Langsam
durchs Flachwasser rollende Wagen
sind Polizeier. Nele ist auch mit an Bord, Tina
und Ben. Ben, der für Nele zeit seines ausgehungerten

Lebens mehr empfand als immer nur Freundschaft,
Verachtung, Blues, Freundschaft und viele andere
Sorten. Vorne und hinten sind auf diesem Bild
oben und unten. Die Kraft

wandert vom Punkt wieder weg, entert
die Kataloge. Konzentriert euch, ihr. Die ganze
Bande Alarm, noch in der Ankuschel-
phase, an einen Blitz gelehnt, der dieselbe Mama

wie ihr, sie, er – na, eben wie alle. Alarm
in den Wolken, im Schaltraum, und Alarm
bei den Fischen. Rache
für jedes Tier, dessen Flossen, Flanken

Delikatesse. Polizei fährt nach Binz, das Geschrei
zieht zur Grenze ins Hitzefrei. Lauter
Verspätungsminuten kommen aus dem Scheitel
gekrochen. Es gibt dies, es gibt das. Längs-

oder quergestreift, mit roten Zuckerkugeln
oder mit weißen. Ein, für seine Verhältnisse,
klitzekleiner Ben, leichter als Luft
und schwerer, ein bisschen schwerer

als Wasser. Aber auch besser, fitter. Trägt
eine Armbanduhr mit dem Siegel
unsinkbar. Zeitlebens mehr empfand
als immer nur Blaulicht, immer nur Downloads

und Bittebitte. Fitness und Blaulicht
sind auf diesem Bild gleich alt, sind Bruder,
Seele und Schwester. Schwesterchen, wie
Mädchen meist, im Auftreten reifer, weiter; locker

doppelt so weit. Trainiert schon Nunchaku. Hört
die Signale. Blaulicht mit Lautstärke, Downloads
mit Ansage. Morgens beim Fisch, Erste Hilfe,
abends im Schaltraum. Abends Alarm, mittags

und in der Früh. Pro Tag drei Alarme.

Von den siebzehn neu eingetroffenen Kindern können nur fünf richtig ihr Bett beziehen. Die anderen sitzen davor, bauen Gebirge, verknöpfen sich. Trotz, Angst, zwei linke Hände; ich weiß es nicht.

Cindy und ein gewisser Bert gehen vor der Show

an den Strand; ein Traum. Auf der Netzkante
am Ostseestrand tanzen die Volleybälle
im Sommer wie Funken auf … auf einem
Klingeldraht. Der erste ist für das Licht, die zweite

schwingt sich ins Meer; ein Glanz. Ortskräfte
spenden Strichmännchentränen, aber nichts
darf angefasst werden. Es ist an der Zeit
und an der Zahl, auf einer Messerspitze

voll bolivianischem Marschierpulver
zur Alten Försterei zu fliegen. Ein Brand;
lange schwarze Haare im Badetuch
sagen mehr als tausend Worte in Schön-

schrift, sagen mehr als tausend Funken
auf einem Draht. Cindy plündert paar
Kontinente, lädt, hört Calypso in Brass
von Harry Bolafente. *Marschierpulver*

ist ein Zitat von ich-weiß-gar-nicht-wem,
irgendwem, und meint jenen Stoff, jene
Show, also die Freitagsshow mit Cindy und
Bert. Berts Marschierpulverpupille bebt, rön-

tgt, loopt; -ntgt. Die beiden leben seit einem
Jahr aus Cindys Strandrucksack. Leben
nur Apfelsine, Badetuch, Schmöker, Frisbee
und Sonnencreme. Die Apfelsine, weil leicht

verderblich, noch extra in einer Plastetüte
verpackt. Ist nicht sowieso schon immer
alles Zitat? Das Zellophan, das schmutzige
Wasser, am Strand das Ameisengrab? Hier

ruht eine Königin samt Entourage. Aber hey, aber
hey, auf der Netzkante tanzen die Volleybälle
wie Funken auf einem Klingeldraht. Die Funken
scheinen sich sogar gegenseitig zu fressen. Kleine,

blitzende Nimmersatts mit ausgeleierten,
abenteuerlustigen Zähnen. Ersticken
werden sie am eigenen Wesen. Auf geht's
nach Bolivien, funky, funky; ein langer Marsch.

Silber im Februar

Wer dafür ist oder dagegen, der hebe
die Hand. Bewege sich leicht wie ein
Dämlack durch den Raum, der hebe
die Hand und lege die Pulswärmer an und

sei bar aller Furcht vor dem Winter. Das Wort
Einsamkeit meint das Verhältnis der Leute
zum obligatorischen, zum berühmt-berüchtigten
Schwinden der Zeit. Den ganzen Tag und die ganze

verdammte Nacht. Der hebe die Hand
getrost etwas höher. So schön ist die Welt
tief verschneit, dass schon ein grund-
gütiges Gehör reicht, den Wagen auf Kufen

in die Silbertonleiter zu lenken. Es schneit! Es
schneit! Der hebe die Hand und sei heikel
an Armen und Beinen und nicht heikel
genug. Auf der Nachrückerliste, auf der

Heimkehrerseite, kleine Verschiebungen
unterm Eis. Theoretisch gibts ja unendlich
viele Tonleitern: Die dorische Kirchenton-
folge, die verminderte Skala, das Sterben

als solches und den Tanz im Kreis.

Flügeldings

Diese Adresse ist inaktiv, destruktiv, und sie gehört dir. Der Treppenhausfalter (Ex-Zahlmeister) kratzt an der Tür. Er wohnt bei den Schals, in der Fundsachenkiste, und wenn sich da drin was bewegt, flattert er auf.

Deine Adresse ist inaktiv, depressiv. Der Treppenhausfalter (Ex-Stahlarbeiter) kratzt an der Tür. Er wohnt bei den Schals, in der Fundsachenkiste, und wenn sich da drin was bewegt, flieht er zu dir.

Es gibt hunderte offene Stellen, der Drucker
spuckt sie alle aus. Die meisten in der Gastronomie, die
mit Sonntagszuschlag beim Bund und in der
Pflege. Gute Leute sind knapp. Der Drucker heizt

die ganze Nacht. Ein Teilnehmer von der sozialistischen
Landjugend kriecht mit den Fühlern voran in seinen
Schlafi genannten Schlafsack. Ein wohliger Seufzer
verbreitet oft eine wohlige Atmosphäre. Andere

Teilnehmer vergleichen zum Feierabend die Uhren
oder tauschen so softly ihre Kennenlernbrillen. Beschläge
aus Kupfer, Gold oder Edel-Tau an den Brillen-Bügeln
aus Plast. Personal ist da wie dort knapp, und deshalb

dürfen die Branchen ihre Broschüren auslegen, ihre Finger
in die Knopflöcher schieben: *Hey, junge Frau, bevor sie
ihr Kleid schließt, schau sie sich das hier mal an*. Der Drucker
heizt und heizt. Zwei Teilnehmerinnen spielen ein Spiel,

bei dem jede am Ende den schönsten und den
schlimmsten Tag aus ihrem Leben streicht. Jede trägt
sieben Füllfederhalter im Fächer, bloß dass halt kein
einziger schreibt. Alle ausgetrocknet, alle unten rum

Asche; es ist zu heiß. Komm zum Bund! Komm
zu den Alten mit den gehässigen Beinen! Sei
bereit. Lenk deine Gitarre in eine mit Tellern
und Tassen gespickte Rakete. Trotzdem, nein, eben

deswegen, brennt in manchen Nächten der Müll. Die Broschüren,
gerade durchgeblättert, desinfiziert, werden im hohen
Bogen verfüttert. Viele Berufe verglühen in der orts-
unabhängigen, ortsüblichen Hitze. Ein Stück Spinnennetz

weht in ein Mückennetz. Alles wird Brut. Wie die Welt
leuchtet, wenn die Broschüre schweigt. Kein Sterbens-
wort dringt halt von drinnen nach draußen. Zwar gibt es
hunderte offene Stellen, aber die Ausbildungsuniform

reibt. An den Schultern, an den Armen, am Hals;
überall kratzt etwas, sticht, beunruhigt, scheuert,
treibt. Broschüren mit Bildstrecke, Falzdelle,
Danksagung; und mit Raum für Notizen. Komm

in die Gastronomie, komm zum Bund, komm in die
Pflege. Manche Berufe sind schreibgeschützt, andere
typisch für eine neue Zeit. Es gibt offene Stellen
in jedem Zweig; in der Seelsorge, auf dem Bau, an

der Uni – bis hin zum Musikhochschulbereich. Werde
Diener in der Meisterklasse, komm zu Bach, Brahms,
Beethoven, Bruckner. Für die Kleinen drehst du den Klavier-
hocker hoch, für die Großen schraubst du ihn halt runter.

Das Schweigen

Trupp A hat *Undine* von Christian Petzold
gesehen. Die Handlung verfolgt, mitgelitten
und an manchen Stellen geweint. Einmal
hängt sich Undine, Undine Wibeau, gespielt
von Paula Beer, im Wasser an Gunther den Wels

vom dunklen Wehr. Trupp A kannte die Beer
bislang nur aus *Bad Banks*. Undine Wibeau ist ein
Name, der sich am Ende wieder und wieder
dreht. Hoffentlich gibt's unter Wasser einen Sanikasten, einen verschweißten, zum Einsatz bereiten. Und

nun zu Trupp B.: Sitzt im Zeitungslesesaal und beschmiert
die Köpfe auf den Fotos mit Bärten, die Taucherbrillen
mit Teer und die Glatzen mit Schwänzen. Marode
sind das Papier, das Wachpersonal und die Tische. Bis
jemand merkt, dass sich Undine an der tiefsten

Stelle des Sees an ihren Retter näht. Mit Atem
und Faden, in genau zwanzig Stichen. Der Faden, so
was von marode, marodiert. Die Trupps forschen
auf Drittmittelbasis zur Rolle des Tauchers im Kino
von heute. Der Froschmann als liebendes,

helfendes Tier. Schlauch, Sauerstoffflasche
und Schnorchel sind die äußeren Eingeweide
des Froschmanns. Mit Drittmitteln gegen Eisen-
mangel und Privatmythologie. Trupp A wechselt
ins Cinemaxx und guckt *Barbara* von Christian

Petzold. Ein Spielfilm mit Nina Hoss und Republik-
flucht, fast ohne Filmmusik. Froschmann, Ostsee
und Nina Hoss sind Soundtrack genug; genug
Zeit, Angst, Kleinstadt, Kleinstadtkrankenhaus
und genügend Trost von Kollegen. Trupp A

schnallt sich an, Trupp B schiebt Ostseewellen
auf Steine und schleift Herzen in nasse Steine. Warum,
Herr Regisseur, sind Ihre Filme so trist? Die Ostsee
leuchtet wie Apfelgriebsch. Trupp B zieht los,
schwimmt durch Nebel und Zoff, durch Tunnel

aus Tang; einatmen, ausatmen, ein, aus, klopf-klopf,
grüß dich, Froschmann: *Ist Undine zuhaus? Kann
man Barbara sprechen?* Keine Ahnung. Unter Wasser
die Welt stockt, als wäre die Welt unter Wasser
der Puffer zwischen früher einmal und jetzt. Manche

fliehen ohne Betäubung, aber die meisten lassen
sich vorher was geben. Gerade bei Szenen wie diesen
braucht ein Film keine Musik. Da sind Bilder genug,
genug blasse oder übersteuerte Farben; ein Schwenk,
ein Schnitt, ab in die Totalen. Barbara/ Nina Hoss raucht,

wie sie's als junge Ärztin geübt hat. Eine Art
Im-Pausenraum-Selbstsicherheit. Die Aura
der Chariteusen. Die eine ist dem Froschmann
geweiht, die andre bleibt hier und holt ein Leben
lang Radiergummis aus kleinen Mägen. Manche

Kinder verschlucken sogar Schlüsselanhänger samt
Schlüsselringen oder ganze Puppenstubenwohn-
zimmer samt Stechpalme, Depression, Korallen-
kronleuchter, Fernseher, Fernsehcouch; manche schlucken
lauter Zeugs. Aus den Eingeweiden des Froschmanns

tropfen Quallenpisse und Seekraut. Der Schnorchel wird vollgetankt, klopf-klopf, klingelingeling, Termin steht gegen Termin. Zuletzt hieß Barbara dann bei allen nur noch *die Froschfrau*. Jeder nannte sie so, und jeder hatte sie am Ufer oder vom Boot aus schon mal

gesehen. Beim Schwimmen behielt sie ihren Breitkrempigen auf. In Kühlungsborn fand man Froschfrauenspuren. Ein Teilnehmer von Trupp A lief und lief und lief einfach weiter, denn er trug seit ewig ein paar Puppenstubengewichte (Blumenbank, Herd) im Bauch. Nach zwei

Tagen Marsch auf dem Meeresgrund betrat er das Königreich Skandinav. Aber da war Barbara auch nicht.

Heimgang 86/I

Als ich Soldat war, war ich *wer*. Stationiert
im elektro-agrarischen Thüringer Wald, hinterm
Zweimeterzaun bei den Sprutzen. Die feindlichen
Bässe zu tarnen, ließ ich den Besenschrank

um den Tauchsieder kreisen. Erkannte den Unterschied
zwischen Härchen und Haar. Mein Vater hatte hier
auch schon gedient. Sein Spitzname und sein am Kinnriemen
beschmierter, manchmal als Kochtopf zum Küchendienst

abkommandierter, knitterfreier Kopfschritt-
macher (Größe zwo) waren mein Erbe. Alles Grün
leuchtete pseudo. Jeder besaß ja nicht mehr, als dass er
dafür gerade noch in den Krieg zog. Den ganzen

Tag flogen die Essensreste, schwebten wie Flusen
durchs Weltall. Woraufhin wiederum –
Schiecki, bind endlich den Apfelgriebsch
fest. Schlitze im Silberpapier, Löcher zum Atmen

für meine lieben Vitamine. Ich war der einzige Abiturient
unter lauter Antichristen. Keiner von denen
hatte so viel Sitzfleisch übrig wie ich. Einer
hieß Wellner, ein anderer Dommann; Gnade.

Musike

... in Handschellen die Gefangenen
an den Steigbügeln ihrer Bewacher,
je länger ein Krieg zurückliegt
desto anschaulicher wird er für uns

und wie naiv muss einer sein;
Dörfer, von ihren Äckern geschieden
»die Tiere sprachen vom Fressen, die Frauen vom Ficken« und die

Männer, wie üblich, mit den Gedanken im Stadion/
Jede Landnahme begann mit einem Pfahl
daß die Erde vor Görn nicht länger verwahrlost
und die Erde bei Voss
noch ein Stück Wisch wert ist,

von der Schreibstube bis zur Sanibaracke

... und das ist erst der Anfang. Ballistik, von der Flugbahn
die Kunde, ein vergitterter Zaun, Hügel
voller Strandhafer
nennen wir Dünen, Radiergummispuren

neben dem Abdruck einer fast
erwiesenen Träne:
unbedingt Katrin, unbedingt Kerstin
in ihren Muckefuckkostümen

für alles, was noch schwachsinniger wäre

als Unterleibsmelancholie; das verschwundene Feuerzeug
taucht wieder auf,
und jeden Tag ein neuer, abgeschlagner Soldat,
(hier Falke, rufe Habicht: *Im Januar*
tragen wir Steingrau, im Februar
tragen wir März)
– knackste uns an mit seinem Gequatsche
an derselben Stelle wie vormals, Verlängerung
über die Gegenmaßnahme hinaus,
und singt: ein Flämmchen rot, das macht dich
mit den Zähnen knirschen in der Nacht, der Größe

nur zu bewusst, aber auch der Strapazen
als Nieheim Leutnant Wulf
(Habicht empfängt, rufe Falke)
beim abendlichen Stubendurchgang
ein Stäubchen suchte, und ein Stäubchen fand.

Lädies im Krieg:

Das Blaukraut, der Rittersporn und die Lädies

Meine Wenigkeit, ich, der Rittersporn, möchte das Blaukraut
adoptieren, ihm Erzieher sein und Schamane, Allerwelts-
schatten, Vorbild, möchte ihm
Mengenlehre mitgeben und Trost, die Mischung macht's ...
– oder die Andeutung, das *Wieder gut*, der tägliche
Irrsinn in der Kaserne, von dem ich mich lange, allzu lange,
ferngehalten hatte. Ja,
ich kannte das Blaukraut damals erst kaum, doch das
Blaukraut kannte mich – wir beschnupperten uns, verharrten, klärten
den Altersunterschied, wer wen adoptiert, wozu, warum
– der Krieg setzte als Tonspur ein, inwendig, unverbraucht,
junge Soldaten mit hübschen Ovalen, lasziv, das letzte
bissel Dezibel, Schlammdezibel, Geschlechtsdezibel, Lärm
auf Kleinstadtniveau, kaputtgeparkt, Verfall

und Behörde, ich fragte bei Blaukrauts notariell
beglaubigten Eltern, stand vor der Tür, mitten
im Krieg, den Brief vom Amt in der Cargo, Blaukraut, sagte ich, hier
spricht dein Daddy, dein neuer, willst mit ihm

ins Gefecht? Schmierte uns Magenfestiger
in die Gegend, Marschmusik, Blaukrauts Klassenkameradinnen
waren Elitinnen, kerzengerade, aber sein Vater
ein Pfandflaschensammler, ein früherer
Pfandflaschendieb. Der Mann gab nicht auf, trug sein Klapp-
fahrrad in die Straßenbahn, vertickte
Vergissmeinnicht und heiratete eine mit einer Lesebrille
beschenkte Exvielvölkerstaatlerin. Ich verglich sie mit
meiner. Ich verglich überhaupt viel zu viel. Manche
Längerdienende (Abkürzung: Lä-dies)
kamen von so weit her, dass sie
gar nicht nach Hause wollten. Sie wollten mehr, fassten

nach Blaukraut, holzschnittartig, in den Gesängen
und auf den Flachbildschirmen, Sterne
          sandten ihre Hormone, Schäferhunde
schnappten nach Schnürsenkelenden; wir müssen, Blaukraut,
mit Bürste und Stöckchen in die Profile
       von unseren Dienstturnschuhen fahren,
um warmes Wasser zu sparen. Wir müssen, und sei's
   auch Schikane, uns steigern von Lied zu Lied.

Selbst im Krieg aßen wir einmal am Tag
etwas Gesundes. Neben uns wohnten
heftige Typen, Länger- oder Dauerdienende,
Ehrengäste von der Artillerie. Steppke

Blaukraut kam vom Appell und zerbrach
seinen Orden. Schickte die eine Hälfte
mit Liebgruß nach Hause, warf die andere
in den Fluss. Wie einst Muhammad Ali.

An meinem dreißigsten Geburtstag entdeckte ich,
Das Familiengeheimnis ist nun gelüftet. Selbst die Nächte
Wollten nicht kühl werden,
Ich saß gegen zwei in meinem Zimmer und las
Den Allmächtigen; dreißig Jahre und bald
Würde das Warten mein Hobby sein, noch
War's ja mein Auftrag. Ich klingelte nach der Kellnerin
Und ließ mir Kamillen vor den Bauch binden. In X aufgewacht,
Nahm ich ein Taxi nach A, da waren meine Haare
Aus Hass schon so durchscheinend geworden, dass
– welches Familiengeheimnis, welche Kellnerin denn –
Die Anwohner vom Markt
Kirchenmusik über mir ausgossen und Steine
Als Gruß an die Längerdienenden, an
Meine Lädies. Ich strich mich zusammen
Auf drei Zigaretten, auf ein Glas Wasser pro Tag,
Ehe ich alles und jeden zwischen A und X unter den Tisch
Starb.

Wer ins nächste Leben umzieht, wird womöglich
ein Buntspecht, eine Spinne, auch wenn er früher
ein eins a Trassenhund war. Seelenwanderung
ist Konfliktwanderung. Jedes Tier und alles

Organische überhaupt brütet den eigenen
Fehlercode aus. Medizin nach Noten, Träume
aus dem Sanikasten. Ich möchte, ehe ich
meine Geschenke auspacke, durch das

Geschenkpapier durch die Geschenke erraten,
ertasten. Nach vierzehn Jahren im Vorstand
möchte ich nur noch gewöhnliches Mitglied
sein. Eine Vereinslädie wie jede andre, ohne

Nieheimgepäck und ohne schlechtes Gewissen
beim Abgeben des Urlaubsscheins. Mir reicht
schon eine Selbstgedrehte statt einer Zigarette
vom Festnetz. Über und über mit Tattoos, und

trotzdem, der Krieg sieht genauso aus
wie auf der Skizze, die bei mir an der Tür
klebt. Immer hält er den Schoß auf
und lässt sich von der hohen Sonne

bestäuben. Der Krieg singt immer mit. Aber
wenn es mal anders kommt – und irgendwann
kommt es anders –, hole ich, holen wir uns alles
zurück. Das Wort und die Musik, siebzig zu

dreißig, den Nachtisch außer der Reihe
und das gute Benehmen. Wir Lädies von *Radio
Stube* sind den Spezialeinsatzkräften vom Fernsehfunk
seit jeher überlegen. Der Unterschied zwischen

niedriger und mittlerer Programmqualität fällt
bei uns weniger auf als der zwischen durch-
schnittlicher und höchster bei denen. Nachts
wird das Doppelstockbett zu einem Studio. Es reicht

schon ein Draht mit dem dazu passenden
Knoten. Wir senden O-Töne vom Wäschetausch,
danach einen Fremdgehhit für die Majorin. Der Trick
ist bei den Songs die Überlänge. Es reicht schon

Come on baby light my fire. Wir casten uns
gegenseitig und bekommen Hörerzuschriften
von außerhalb. Lädie A. schläft bereits, wenn
Lädie B. in der Liveschalte mit ihren Fremd-

sprachenkenntnissen geizt. C-Dur ist unsere
härteste Waffe, Männer sind unsere
treuesten Feinde. Das meiste bleibt Theorie
oder falsche Grammatik. Es reicht schon,

die Welt nicht zu lieben, um sie zu hassen.

In deiner ersten Schicht

läufst du einfach nur mit. Tauchst
bis zum Postenpunkt *Neues Wehr*
und öffnest die Augen. Vorsicht, einmal
im Jahr lässt sich der Postenpunkt

Neues Wehr in der verwöhnten Fresse
das Fett absaugen. Halt dich an die Längerdienenden und ihre Hunde. Die bellen den Mond
von der Leiter, die schlecken die Sohle

vom Turnschuh in der Kirche
von unten. Astor war an der Trasse, Etze
ist hier der Schleifer. Sekundenschnee
frisst sich ins Winterfell, Etze ist auch

der Beißer. Alle Lädies sind im zeugungs-
fähigen Alter. Und du machst ihnen
den Schreiber. Für einen Liebesbrief
nimmst du neun Zigaretten plus einen Schluck

aus der Goldenen Ader. Ein paar Tränen
zum Abschied kriegst du immer hin
für eine Extraportion Schokolade. Für
etwas Büchsenfleisch, Löschsalbe, Paracetalgin.

Manches, was durch den Strohhalm drängt, bleibt
im Gelenkbereich hängen. Verfängt sich im Plasteknie,
vermischt sich mit Worten, mit Fruchtschlamm
und mit dem Ehrgeiz der einfachen Leute. Ich

sauge Saft aus einem Glas, in dem drei Leben
zuvor, Abend für Abend, in meiner Freizeit, Schnaps
drin war. Eiswürfel, die beim Umrühren
klingeln, beim Strohhalmfestival. Platz

da. Ich zappe mich durch den Schlamm, bis einer
von den anderen Lädies, ein neuer, über mich
lacht. Ab in den Strohhalm mit ihm, original,
Käppi auf halb, Sprit zahlt der Bund, bis zum

Gelenk, weiter in Turnschuhen, ohne Nieheimgepäck, ohne Mitleid, je nach Bedarf. Keine
Gefahr. Konflikte zwischen den Längerdienenden gehören dazu. Ich jage den Neuen

mitsamt seinem Kuscheltier, seinem Glückspfennig, runter zum Grund. Der Glückspfennig
hält sich streng an den Goldstandard. Interne
Konflikte dringen fast nie nach draußen. Manch

junger Lädie, der mir dumm kommen will,
schafft nicht mal den ersten Tag. Ich
selbst, mein Charakter und meine Tricks,
Erfahrung; wir sind hier der Goldstandard.

1 mit Jod bestrichenes Nagelbett ist eine Wunde,
zwei mit Jod bestrichene Nagelbetten sind eine Waffe,
drei mit Jod bestrichene sind ein Grund mehr,
Lädie H., der in Wirklichkeit Werner Holt heißt,

zum Kulpen nach Hause zu schicken. Die Bässe
knallen voll rein, das Streuobst kommt wie
von allein auf den Tisch, und einmal, kurz
nach dem Abendbrot, holen wir eine Trafostation

aus dem Tiefschlaf zurück, an einem zwanzigsten
Februar. Der Frost und das ewige Schlangestehen
beim Wäschetausch liegen uns nicht. Zehntausend
Volt, und darüber wächst weißer Schorf. Noch

drei Jahre, fünf Tage und siebenundvierzig
Minuten; ab jetzt. Ich schenke Werner Holt
meinen Erholungsurlaub und einen Gutschein fürs
Tätowieren. Tätowieren ist bei uns Pflicht, Zähneputzen

ist Pflicht, Tanzen mit den Mädels und die Küsserei
auf dem Flur sind bei uns Ehrensache. Taschenlampe
sollte immer am Mann sein. Für einen wie Werner
Holt ist die Küsserei Pflicht. Deshalb schmiere ich

auch meinen Sonderurlaub und meinen Resturlaub
vom vergangenen Jahr und eine Extraportion
Jod auf Holts drei Meilen gegen den Wind
blühende Finger. Mitten im Krieg nach Hause

zu fahren … mir wär das zu kopflastig. Resturlaub, wie das klingt, als würden wir
außerhalb unsrer Gebiete von einem bestimmten
Tag an verschimmeln. Die meisten von uns

sind freiwillig hier. Manchmal schmort ein Relais
oder wir müssen ein paar Drähte in die Wolken
schieben. Lädie H., ein Oberprimaner, ist schon ganz
schwach, weil das Mondlicht, das zu ihm in die Koje

scheint, immer ein und denselben Muskel
anzapft. Von nun an kämpfen wir ohne Holt
weiter. Der Küchenbulle hat ihm die für Nacht-
schicht und Fahrt in die Heimat typische

Stullenbüchse gepackt. Ich mag Lädie H., erkenne
mich wieder, als junger Mann, in meinem Friedens-
alter. Wie das klingt: Vom Gymnasium, von der Kissen-
schlacht im Schullandheim mitten rein in den

Krieg. Vier mit Jod bestrichene Nagelbetten
bilden trotzdem kein Kollektiv. Ich könnte
meinen Resturlaub auch auf der Tauschbörse
für persönliche Dinge loswerden. Oder ihn lang-

fristig so anlegen, dass kraft der Zinsen das gesammelte Dienstfrei der
gesamten Kompanie eines Tages zu mir rüberzieht. Aber wozu. Lieber

bin ich von allem, was an zuhause erinnert,
geheilt. Noch lieber bin ich von allem, was an
zuhause erinnert, befreit. Entschluss: Lädie Holt
bekommt meinen Jahresurlaub und mein verlängertes

Wochenende am Einsatzort und sogar die von mir
bereits unterschriebene Reisebelehrung. Darin
Punkt acht: Der Urlauber darf dem Hundeführer seines Zubringerschlittens auf keinen Fall

Trinkgeld anbieten. Im Zweifel werden beide
bestraft, weil bei uns immer beide Schuld
haben: Der Hundeführer *und* der Gast
auf dem Schlitten, der Frost *und* die Trafo-

station, die Taschenlampe *und* die Zahnbürste
– und natürlich das Jod, das die Wunden
an Holts Fingern bewacht. *Ruhig, ihr Wunden, ganz
ruhig. Seid brav.* Denn jeder suche die Schuld

zunächst bei sich selber und nicht immer nur
bei den andern. Nicht bei den Vorgesetzten, den Lädies
vom Stab. Nicht beim Jod und nicht bei den
Paukern, den Schleifern mit ihren Kneifern. Bei Meck-

meckmeck nicht, nicht bei Studienrat Maaß. Wie das
klingt, vom Gymnasium, von den blankpolierten
Schachtelsätzen und Sinuskurven, mitten rein
in den Krieg. Der Krieg findet noch jedes

vor Ostsee und Ferien strotzende Datum
im letzten Versteck. Meinetwegen. Wenn
Lädle H. überlebt, soll er studieren. Er möchte
nach Bamberg oder nach München, an eine

der Fakultäten. Rechnen mit angekränkelten
Zahlen, in Richtung Höhere Mathematik. Nichts
dagegen. Die meisten Kriege beginnen an einem
Sonn- und enden an einem Feiertag. Auch Sonntage

sind so was wie Urlaub; Urlaub in Kleinformat.

Einmal im Jahr

melde ich mich im Med-Punkt. Ich muss
ruhiger atmen, gefasster, mehr in Etappen. Ich lade
und lade, bis das Lämpchen am Ausgang
meines Halses erlischt. *Zackenbarsch? Zeulen-*

roda! Rohrdommel? Rückmarsdorf! Ich bin der Parolen-
Ausdenker, der GUvD, und ich strecke den Einschlaf-
tee mit Kölnisch Wasser. Ich lade den Beigeschmack. Ich
lade den Stolz und den Hass auf die Besucher, auf

Frauen und Männer, Kaffee und Kuchen, die uns
am Wochenende begaffen. Aus den Fragen
all dieser Menschen höre ich ein Bedauern
heraus. Trotzdem, die Muskeln von drinnen

sind immun gegen die Muskeln
von draußen. In der Nacht von Samstag zu
Sonntag dürfen wir mit den Besuchern, dürfen
die Besucher mit uns auf dem Rathausplatz

tauschen. Klimmzüge gegen Ärmelabzeichen, Zungen-
küsse gegen Nieheimbriefe, oder von uns eigens
signierte Lädiekartentaschen aus Kunststoff gegen
anderthalb Links zu www punkt der-fruehling-

muss-warten. Ich tausche eine mit Wasser
gefüllte Sanduhr gegen eine mit Sand gefüllte
Wasseruhr, in der die Zeit, meine Restlaufzeit,
stillsteht. Mal überholt das Wasser den Sand,

dann wieder dreht sich die Parole von vorgestern
für die Tagesäcke von heute einfach ein Knöchelchen
weiter. An solchen Tagen fühle ich mich hornalt
und vernichte mich in Etappen. Ein Hauch Rest-

alkohol vibriert in meinem Hals. Mein armer, armer Hals.

Einmal im Jahr besuche ich Onkel Doktor. Wir
flirten ein bisschen, verteilen, was an Benefits
da ist. Ich spende für Frauen, er, allgemein, für die
Liebe. Er provoziert, dass eine wie ich ihm ins Wort

fällt. Onkel Doktor zieht mir die Schutzfolie
ab und klebt sie woanders hin, meist in den Lüftungs-
schacht. Als wären wir alle gleich, dabei erkennen
sich viele Lädies selbst nicht mehr auf dem Pass-

bild im Dienststellenausweis. Zarter Flaum auf rötlich
schimmernder Kopfhaut. Je kürzer die Haare, desto
stärker der Trotz. Der Trotz ist ein Bleistift, ein wack-
liger Hocker, den ich, bin ich vormittags müde, auch

umwidmen kann zu einer Schlafgelegenheit. Manchmal
erkennt mich sogar Onkel Doktor nach einem Jahr nicht mehr
wieder. Ich trage, gerade im Winter, über dem Nachthemd
ziviles Trainingszeug. Wir flirten ein bisschen, verteilen,

was an Benefits da ist. Ich spende für Frauen, er, allgemein, für die Liebe. Flirten bedeutet für mich, jemand
anderem zu gefallen, ihm zu schmeicheln, ohne
mich selbst dabei charakterlich zu verbiegen.

Im Mai kommen die Neuen, die frisch

angeworbenen Lädies mit den vom Mutigsein
geweiteten Augen. Manche haben sich gleich
im Bus umgezogen, bei manchen sind die Vornamen

und die Treue am Finger wie Programmiersprachen
verflogen. Manche tragen über der Uniform
noch ihr Faschingskostüm. Fillypferd, Fee, Judo-

jacke und -hose; Katastrophe. Das Klischeehafte
muss auch klischee-würdig sein, sonst
fiele niemand mehr darauf rein. Die Neuen

wohnen im unbeheizten Teil eines alten
Entschuldigungszettels. Auf der Raucherinsel
gibt es einen Basketballkorb. An Orten wie diesen

haben sie schon als Teenies abgehangen, hier
sind ihnen Blitz und Donner in die Tinten-
killer gefahren. Mädchen, die sich so lange

kennen, zahlen untereinander
in Naturalien. Jede gönnt der, die neben
ihr sitzt, den Ausbildungsplatz. Die Null

und die Eins sind das A und das O. In der Polit-
stunde lesen sie ein Gedicht von Yevgenia
Yevtuschenko: *Meinst Du, die Lädies wollen Krieg?*

Lädie K.

hängte das Koppel samt Halfter und Waffe abends über die Stuhllehne und schnallte es sich am nächsten Tag wieder um. So wie andere Frauen sich nach dem Frühstück der Kosmetik widmen, befasste sie sich eben mit ihrer Waffe. Als Unterleutnant war sie aufgestiegen zu denen, die sogar außerhalb der Kompanie, in der Straßenbahn oder bei einem Kinobesuch, eine Pistolentasche mit der Makarow darin am Gurt tragen dürfen. Es gibt bei Offizieren keinen Unterschied zwischen dienstlichem und Privatbereich. Dabei war der Gürtel mit der Pistolentasche für Lädie K. nicht nur Teil der Ausrüstung, sondern diente als Kleinmöbel aus Leder und Metall auch zur Aufhübschung ihrer zehn Quadratmeter in der Kaserne. Wenn die Lädie manchmal nachts wach wurde, schaute sie vom Bett rüber zum Stuhl; alles in Ordnung. Sofort konnte sie wieder einschlafen. Das Koppel samt Halfter und Waffe war ihr kostbarstes Möbelstück, und es beschützte sie zu jeder Stunde.

Als Längerdienender muss ich ins Dreieck, muss
den Zeitstrahl füttern mit Kreiselvodka
und Ziergras. Jedes Mal ein neues, ein ach
so neues Versteck. Schmerzen beim Trinken,
meine Zahnspange scheuert oben links
am Gaumen. Die Pachmatschen
fassen mir nachts in den Mund. Sie verbiegen
die Drähte, auf dass ich träume,
das Haus sinkt, sinkt. Pachmatschen
tragen Mäntel für Affen – die Taschen eng
und in Höhe der Kehlen der Knie. Ihre Frauen
stopfen sich Kissen unter die Mäntel, weiterhin
negativ. Ihre Kinder verpassen anderen
Kindern Pferdeküsse. Ihre Männer
haben alles gelesen, vor Zeiten
im Seminar, in der Bleiwüste, und später
alles verbrannt, wegen der Notizen
am Rand, die bezeugen, wie klug sie
gewesen, Jahr um Jahr im Seminar. Die Pachmatschen
passen mit ihrem Tisch nicht durch die Tür, aber
ohne Tisch auch nicht. Sie fahren erst mal
wieder los. Das Ziel ihrer Reise und den Auftrag
bekommen sie später von mir. Von wem sonst.

Die Unfallmeldestelle: blaue Augen

– Kriechströme, Wintersachen
Plastiktüten voller Mehrwegflaschen.
Jag' das Gewitter
durch den Stimmenverzerrer, Um-

gewöhnen ist schwer, wie ködert man
Nebengedanken. Man erfindet dazu
und tut, als ob man verabredet wär. Unter
dem Fenster die Heizung

wie über der Wärme das Licht, aber einmal
da wäre mein Leben beinahe
ganz anders verlaufen. Die schönste Art
gar nichts zu sagen

ist, ewig an die Decke zu starren.
Ich sitze an der Haschischquelle
ich schwärme für den Morgennebel
dem Raum vis-à-vis

weiß ich die Zeit und die
                                        der Zeit geweihten, an-
verwandten Kriechströme und Wintersachen
die Umzugskisten voller Langspielplatten ...

Ein Mineral erklingt, das steht
in den Sternen geschrieben, im Sommer
Zitronenbonbons, Schwaden
schwarzer Freitage, einer bleibt hier, einer
zum Horizont, aber vom Kopf her ist das
der Hardcore. Die Ausrüstung, die um's Licht

und die Felgen mich billiger
kommt als das Zimmer, der in die Wolken
gezeichnete Fluch, Schadenzauber
statt Schadensbegrenzung, dachte, das wär's, die Mantel-
und Degensekunde, im achten, in Richtung
September, Herr Tommasek, jetzt
bloß keinen Fehler; sonst Lohnabzug.

beschrieben, dass ich beim Lesen glaubte, selbst
berittenen Polizei? Frag die Fragezeichen, sollen
ein mit einem Bannmeilenindianer auf dem Rücken
Sind die Mustangs der Bannmeilenindianer

denn wirklich mutiger als die Ehrlichblüter der
waren die Mustangs der Bannmeilenindianer
die Fragezeichen entscheiden. So plastisch echt
durch die Banlieue galoppierendes Wildpferd zu sein.

(Jörg und Sabine)

Einmal, lange nach Küchenschluss, bekamen wir trotzdem noch was zu essen. Wir durften uns zu den Köchen und Kellnerinnen an den Pausentisch setzen. Da wurde wenig bis gar nicht gesprochen. Es gab Schnitzel mit Mischgemüse und Salzkartoffeln. Drei Mark fünfundachtzig. Wir waren Schlüsselkinder, nicht solche Nervzwerge, solche Mäkelliesen, die ihre Saftgläser umstoßen oder die Erbsen aus der Beilage polken. Der eine Koch hatte was mit der Hübschesten, streng geheim, aber wir haben's gerochen.

Plantagen, so weit das Auge reicht, acht Kilometer bis zur

nächsten Farm. Es ist eine Serverfarm. Ein Anruf bei T., 53, der heute als Freelancer, als freier Verursacher lebt. Eine Umfrage bloß, ein Scharfmachen des Kugelschreibers, klick, von jenseits der Tür. Eine Übung in sonstewas, in Neugier und Minuswachstum. Leute wie T., Tim, sind erst wochenlang unterwegs

und schlafen dann markerschütternd tief. Fuß vor Fuß, Puls um Puls. In der Nacht, statt einer Taschenlampe, ein tragbares Schlüsselloch um den Hals. Die Überflugrechte nützen nicht viel, sind nicht wert das Papier, auf das sie, wert nicht den Puls, um den sie. Ein Anruf bei T., 53, der als

Freelancer und freier Zuschauer lebt; als alter, weißer Stein.

Was sich gut eignet

ist die Randnotiz, das Schilf
ein altes Ritter-, altes Lichtgut
– das entfällt. Nina

im Raumschiff, Carsten
auf der Ehrenrunde
drüben im Garten. Da machen

die Leute vielleicht Augen
und die Bilder
vielleicht Mund. Und die Bilder

sind gut zu empfangen mit der Zimmerantenne im Schnee. Es werden

Tage durch die Nacht gefaxt, für eine
wie, für eine was
als wollte wer, neun Stunden

schlafen
ohne Tiefschlafphase, nach der Natur
mit der Kanüle malen, woran es mangelt

ist, was sich eignet –
von langer Hand, nach harten Anfangsjahren
endlich selber trägt

ist Stuss, Grand um die wenigsten, den man
(und ob) zurückverfolgen muss
bis zu den leergeräumten

Zigarettenparkplätzen, die in den Rand
des Aschenbechers
eingelassen, eignen sich besser

besser nicht, auszuprobieren
wie hier die Zeit vergeht
... entfällt, denn aus Verwandten

werden Angehörige, denn aus verwandten
treuen Bildern
werden unerwünschte

Bilder, oder Brände
oder was.

Und kann mein Mund
dich schon nicht zeigen, in jenem
wie auch immer, Stories weit
verteilt, auf alle, die hier

sitzen, unterschreiben, kirrn die Insekten
mit dem Schummerton, Formationen
von Sterbehaltungen, von Rots
ins Violette spielt, die Köpfe

rücken halbe Stunden weiter, viel Zucker
wenig Milch, Licht, übertragen
auf Küsten, Tänze, solche Leute
– die neue ergeben; zeitlich

begrenzte Küsten sind das.

Das Schwere wird leichter

Am Bindfaden entlang zu flüstern:
Zerzaust, geordnet und wieder zerzaust
habe ich Tiere zusammengesperrt
mit rückständigen Pflanzen, Wasser
mit solchen Gedanken & solchen, den grauen Star
mit dem grünen vertan.
So viele kleine Überraschungen
wie das Jahr Tage hat
oder die Milchstraße
                                        Fingerabdrücke

(gibt es gar nicht)

Ich seh einem Schiff nach

Ich seh einem Schiff nach, bis es
kaum noch zu sehn ist, einem, der war
                    zuerst da, melde-, melodie-
pflichtigen Tropfen, dessen Kopf

dessen Rumpf
                    weniger schwingt, vielmehr
vereitelt, kleiner als
was davon übrig bleibt, ein Schiff
vom Horizont sich löst, los-eist.

Der Ort

Aber das Ländliche: stuckige Pferde
gepiesackt von eklen Insekten. Zur Mittagszeit
die Regenbogentrojaner, als gäbe es
mitten im zweiten Weltkrieg
eine Szene aus WK III. Als ginge es plötzlich

doch, dass Romanfiguren ihre Träume erzählen! Etwas
(ein Stottern, eine Waffe, ein Teich), das es
in WK zwo noch gar nicht gegeben haben
kann. Trotzdem: Neuruppin war aus freien

Stücken ein Kaff. Kleine Stadt, die eine Schwäche
für ihre Nachbarstadt hatte. Für Blaulicht-
und-Martinshorn-Pfade, für Altersflecken

und Weltraummetalle. Alles, was schmuck
oder nass oder baufällig aussah, wirkte pathetisch. Alles

andere wirkte echt.

Ich habe bloß das kleine Latinum

Ich habe bloß das kleine Latinum
ich habe bloß das schlappe Latinum
ich neige meistens zum Fröhlichsein
ich gehe noch mal in den Suchverlauf rein

Die da drunten in ihrer Klumpe –
Ha, das Wiehern ist das Pfeifen des einfachen Mannes
und die Pappel die Linde der proletarischen Erde.
Jede Nacht Modern Jazz und Pferdelärm
Pferdelunge und Stuff von God Coltrane
und das Husten der Erwachsenen, deren Wundsplitter
hoch zu den Planeten Stulpa und Jupiter wandern

Ich klapper noch mal den Suchverlauf ab
ich ratsche mal mit dem Schlüssel über den Bildschirm
– hier einen Widerstand und da einen Knochen
im Namen dessen, der den Tablettenunfall.

(Der all die Geburtstage, Einschulungen, Liebesheiraten,
Adoptionen, Klassentreffen, Bundeskulturstiftungen)

Und ob ich endlich auf einen Widerstand stoße
und ob ich mit dem Schlüssel über den Bildschirm
bis ich irgendwann auch das scharfe Latinum
und die Turnschuhe aus dem mittleren Preissegment
und die Große Vaterländische Prämie

Schon gut, ich verstehe ja, was du meinst.
Habe selbst einen Sohn in deinem Alter

Eine glückliche Zeit

Nüchtern betrachtet
kam ich von weit und zeigte den Leuten
wie man es nicht macht. Dass man, im Gegenteil,
der Schleife einen Knoten
voransetzt, dass nun der Strom
den gleichen Weg durch das Haus nimmt
wie ansonsten das Wasser. Alles,
was wir hier taten, eine Frage
des Willens, der Einfachheit und der Vorsicht
– aber immer auf den gemünzt,

der für uns eintrat. Abends
vergingen die Jahre
bei Rotwein, Rotweinsalz und Rotweinsalz-
flecken; Umarmungen zur Musik
                                        mit geschlossenen Augen
nannten wir Tanzen. Ich tanzte
mit Strümpfen über den Stiefeln
wegen der Dielen, der frisch gebohnerten, fruchtbaren
wie auch unfruchtbaren Waldspaziergänge, Küsse

und Durchwahlzimmernummern zu den Séparées
einer jeweils Wartenden, einer jeweils
Vertrauten, die schon im Flur stand
und winkte, als wollte sie auf der Straße
ein Auto anhalten, (…), ein Gewitter
abwimmeln oder als wollte sie
ihren frisch gebohnerten
Glückspfennig unter mein Kopfkissen legen –

Expeditionen

Gestern hast du was verpasst, wir trugen
einen toten Tänzer zu mir nach Haus
und stellten eine Leiter ans Regal, das war
der Hafen, dann gaben wir dem toten

Tänzer noch Whisky, bis er wieder
mit uns sprach, er sang: *Im Hafen*
steht der große Zeiger still, so
war er wohl noch gar nicht tot, er zog

sich seine Jacke wieder an. Die Jacke war mit Reißverschluss; ich ließ ihn knöpfen, bis ihm das Blut aus seinen Fingerspitzen kam. Es ist doch schön, wenn man Bekannte trifft am Hafen.

Manche sind neidisch auf dich, weil du so abgefahrene
Sorgen hast. Auch wie du dich kleidest – pass auf,
dass du nicht in die Ludwig-der-XIV.-Falle tappst. Es
gibt immer etwas auszusetzen. Schwitzwasser

sollst du mit Tippfehlern mästen. Auf einer
Skala der Dunkelheiten schaffst du siebenundzwanzig Watt. Dein Alltags-Ich und was
du redest – schon bist du in die Jean-Paul-

Sartre-Falle getappt. Aprikosenfarbene Drinks
und Rollkragenpullover-Jazz, Jazzfestival-
Jazz, Seminargruppen-Sound, Trash. Eine Art
Handschriftenprobe bei Kerzenlicht, leise

Tropfsteinhöhlen aus Wachs. Hexen schweben
auf Besen, Hexer jagen Pferdestärken. Das
alles hier ist noch nichts Fertiges, Festes. Jeder
läuft irgendwann in eine Falle; schwupps, schnapp.

Eine wahre Begebenheit

Gähnte
        und fror, mit Nina wurde es nun immer schlimmer
»Gibt's heute Post? ... ach bitte
    gibt's doch ...«; von den Litfassetagen
eben heimgekehrt, ihr Kopf

war noch auf Eis, war noch auf Stern gelegt.
Sie war bekannt dafür

am Sonntag keinen Kopf zu haben
    keine Lust; ihr
        sexy Phlegma ihre
Flamingogesten von weither

– der leere Bügel in dem leeren Haus
    der weite Schlag
        um Ninas schmale Waden
    à la das *Frühstück*
ist die schönste Jahreszeit
    und noch

von ungefähr versuchten sie es alle
    Eine halbe Telefonnummer weit weg
        schlug zum Beispiel ein Hund an oder
ein Bassreflexhelikopter konnte gut

in der Luft stehenbleiben
Als wollte er diesen Sonntag (das letzte
        in freier Wildbahn lebende Tier
    hier) vertreiben –

Soldaten

Wo der eins/dreiundzwanziger Feldweg
in eine Schneewehe mündet
– da legen wir den Bunker
vor Anker. Schlafen bis in die Puppen,

hinterher Skat; schwierig, wir spielen ein
zusammengeschustertes Blatt mit deutschen
Luschen und französisch Bube, Dame
und König. In der Kälte die Sachen

zu waschen heißt aber auch sie unter
Schmerzen wieder trocken werden
zu lassen, nachts überm Auspuffrohr
im Akkord oder auf dem warmen

zuckenden Bauch und seinem von allen guten Geistern verlassenen und allen
erbeuteten Krankheiten still in die Mangel genommenen Nachbarbauch.

Der tote Matrose

Zunehmender Mond, abnehmende See. Elfenbein-
gala auf charmegrünen Tischen
mit dieser Krücke von einem,
einem Queue. »Guten Abend, Frau

Ludowicki, zwischen den Schaumkronen
blüht eine Sepsis, eine Sandbank
schwelt und nimmt Witterung auf. Guten Abend,
Herr Tamms, was schaun Sie der Gischt

bei der Arbeit zu; besser
Sie unterschreiben auf dem Gipsbein
Ihres Kabinennachbarn Herrn W.« Zwei
waren Arm in Arm

zu weit hinausgeschwommen, und ein andrer
warf sich vors läutende Telefon. Der hatte sich
Liebe auf die Fahnen geschrieben
und wieder ein andrer

hatte die wuchtigen Oberarme gebleckt. Als wir die Sandbank
streiften, als wir die duftenden
Esskastanien verspeisten
(Kreuze setzen, Löcher brennen,

die Karte ausbreiten)
... der hatte die Muskeln umsonst gebleckt,
was Wunder, diese Sandbank gab uns den Rest:
Sagen Sie's ab

das mit dem Cha-cha-cha-Tanzen
und dem Hu-hu-hu-Singen und alle
auf's Schulterblatt geküssten, glänzenden
Veilchen, sagen Sie ab

nach Hamburg und Singapore
und sagen Sie ab
nach Nowaja Semlja. Streichen Sie
die Balearen und auch die Kanaren

die unsereiner seit je
miteinander verwechselt. Auf diesem Schiff gilt:
Man geht im Flüsterton
auf Zehenspitzen

oder singt sich ein Luftloch
in die künstlich klein, künstlich dumm
gehaltne Matratze. Wird als toter Matrose (hopps,
bist du tot) am Ende

ins Löschblatt gedrückt. Zieht den Schlüsselring
durch das Blatt einer Rose – ob was
geschieht, es geschieht
aber nichts. Die Leitungsheimer

schmecken nach Eisen; drei Wochen
sind im Herbst zu viel. Wenn selbst
das Fräulein Hendrikje
– trieb schon gestern hoch drei

auf Hustenplanken davon. Man stell' sie sich nackt
bis auf die Hochhackigen vor, bis auf
den Fingerring überm hauchzarten
Handschuh. Etwas überkandidelt, fürwahr,

unter der Regenfrisur, vor dem Schminktischchen
oder beim Herausstreichen der allerneusten
Allüren auf dem Dorfäquator von
... hm. Haben Sie, nach einem Streit,

jemals ein Urlaubsfoto zerrissen? Hendrikje
darauf schwarz übermalt, das Gesicht
rausgeschnitten? Auf diesem Schiff gilt,
was sonst auf keinem Schiff gilt,

wie hier die Zeit vergeht.
Schon wird das Stampfen
der Maschinen vom Brüllen
der See übertönt. Zwischen

den Schaumkronen
blüht eine Sepsis, eine Sandbank
schwelt und nimmt Witterung auf:
Der Mann aus der Nachbarkabine

und jener am Telefon, die Frau Ludowicki
und der *na Sie wissen schon*, die Singapore-
Fahrer, Hendrikje-Verehrer und ...
und zu guter Letzt

auch unsereiner; wir sind schnell erzählt.

(Liebe Gundula)

Die Crew ist jetzt aufgefüllt mit Kameraden. Die meisten kommen vom polytechnischen Institut. Einer von denen trägt sogar meinen Namen; er ist Scheffler zwo, ich bin

Scheffler eins. Das führt am Set und bei der Postübergabe auf See zu den traurigsten Situationen. Manchmal bin ich fast froh, dass du mir nicht mehr so oft schreibst.

Stimmt,

der Familienrekord ist auch der Weltrekord. Sein
sind die Zahlen, die sauberen Herr und Frau Zahlen. Sein
ist der Wind und der Gegenwind, der von Mondlicht
zu Strandsand, zu Volumen zermahlne. Obwohl

an der Tür *Aufgang zur Bühne* steht, kann dahinter
ein Sportplatz, ein Labor, eine Škoda-Vertrags-
werkstatt. Oder noch eine Tür, hochkant das Blatt, A3
Format voller Quellcode, voller Schlaf. Schon

der leiseste Vorzeichenfehler, Buchstaben-
dreher verbraucht einen Weltrekord Wasser. Alles,
sogar das Labor und erst recht die Vertrags-
werkstatt, muss mit aufs Blatt. *Muss mit aufs*

Blatt, muss mit aufs Blatt … echot, wer echoen
mag. Aber alles muss auch durch den Flaschenhals, wo das Echo schon wartet oder wo, toll
vor Erinnerung, eine Lilie ans Glas schlägt. Sein, ihr

ist die letzte Tür, also die hinter der, die hinter
der, an der *Aufgang zur Bühne* steht. Dass so etwas
bloß nicht noch mal passiert. Dieser Lärm Blatt
für Blatt; los, ab in den Flaschenhals, ab damit, ab.

Anmerkungen · Biografie · Inhalt

Anmerkungen

Zu Kapitel II: *Längerdienende* ist ein Wort aus der Sprache des Militärs; die Abkürzung *Lädies* ist eine Erfindung des Autors. In der DDR waren mit den Längerdienenden jene gemeint, die länger als 18 Monate Grundwehrdienst in der Armee ableisteten. Manche Längerdienende folgten in erster Linie politischen Motiven, viele Abiturienten bezahlten mit einem längeren Militärdienst auch für einen begehrten Studienplatz; Medizin oder Jura etwa.

Je nachdem, ob der Längerdienende ein Schleifer war oder im Wesentlichen seine Ruhe haben wollte (und somit das gleiche Ziel wie der einfache Soldat hatte), konnte er die ihm Unterstellten drangsalieren oder sich mit ihnen an verschiedenen Stellen verbünden.

S. 41: Einigen Quellen und auch eigenen Auskünften zufolge hat der amerikanische Schwergewichtsboxweltmeister Muhammad Ali seine im Jahr 1960 errungene olympische Goldmedaille später, nach rassistischen Beleidigungen, in den Ohio-Fluss geworfen. Andere Quellen bzw. Biografen bezweifeln diese Geschichte.

S. 47: Werner Holt ist die Hauptfigur des auch verfilmten Romans *Die Abenteuer des Werner Holt*. Das Buch war in der DDR Pflichtlektüre im Deutschunterricht.

S. 50: GUvD – Gehilfe des Unteroffiziers vom Dienst

S. 53: Yevgenia Yevtuschenko – eigentlich Jewgeni Jewtuschenko (1932–2017), russisch-sowjetischer Dichter, Verfasser des berühmten Gedichts *Meinst Du, die Russen wollen Krieg?*

S. 68 (*Ich seh einem Schiff nach*): leicht veränderte Auskopplung aus dem Langgedicht *Countdown*, erschienen 2007

S. 69 (*Der Ort*) und S. 75 (*Soldaten*): leicht veränderte Auskopplungen aus dem Langgedicht *Antiphonia*, erschienen 2018

I

II

III

Jörg Schieke, geboren 1965 in Rostock, Schule und Abitur in Stralsund, 18 Monate Armeedienst, von 1995 bis 98 Studium am Deutschen Literaturinstitut Leipzig, Redakteur der Literaturzeitschrift EDIT, Lektor in der Aufbau-Verlagsgruppe, seit 2004 freier Autor und Redakteur bei MDR Kultur (Hörfunk).

Veröffentlichungen

die rosen zitieren die adern (Druckhaus Galrev, Berlin 1995)
seemanns gesten (Poetische Boegen, Berlin u. Leipzig 1997)
Countdown (Mitteldeutscher Verlag, Halle 2007)
Antiphonia (poetenladen, Leipzig 2018)

poetenladen